AF242976

HISTORIQUE

DU

1er Bataillon de la Garde Mobile

DE LA MANCHE

BATAILLON D'AVRANCHES

CAMPAGNE 1870-71

AVRANCHES, IMP. TYP. ET LITH. DE JULES DURAND

1890

Certifié conforme, par l'Imprimeur
pour 300 exemplaires

HISTORIQUE

DU

1ᵉʳ BATAILLON de la GARDE MOBILE de la MANCHE

BATAILLON D'AVRANCHES

CAMPAGNE 1870-71

—⁓✳⁓—

RAPPORT

A

M. le Général de Division de Cissey

MINISTRE DE LA GUERRE

———————·———————

Le 1ᵉʳ bataillon de la garde mobile de la Manche, bataillon d'Avranches, fut réuni dans cette ville, le 18 août 1870. Il était formé de huit compagnies : 1ʳᵉ Avranches ; 2ᵉ Brécey ; 3ᵉ Ducey ; 4ᵉ Granville et Sartilly ; 5ᵉ La Haye-Pesnel ; 6ᵉ Pontorson ; 7ᵉ Saint-James, et 8ᵉ Villedieu. Les officiers avaient été nommés par décret du 12 août 1870. Après l'appel fait dans les différentes compagnies, il fut constaté qu'il ne manquait qu'un très petit nombre d'hommes. Les gardes mobiles furent logés chez l'habitant, et les compagnies formées à 160 hommes environ, ce qui porta l'effectif du bataillon, y compris les employés, au chiffre approximatif de 1.300. Il revint plus tard quelques gardes mobiles que leur résidence éloignée avait empêchés d'assister à la réunion du premier jour ; 1.300 fusils à piston furent distribués au bataillon, et les exercices commencèrent : ils eurent lieu deux fois par jour d'une manière régulière, et la discipline s'établit insensiblement. Une école pour l'instruction du service intérieur et en campagne fut instituée pour les officiers et les sous-officiers, qui acquirent bientôt assez d'autorité pour se faire obéir de leurs hommes.

Le 27 août 1870, la première compagnie fut détachée à Granville, les hommes logèrent à la caserne et mangèrent à l'ordinaire. Peu de temps avant ce départ, le bataillon avait reçu à Avranches des blouses bleues à parements rouges et des képis : le tout d'une qualité inférieure ; quelques jours après, des vareuses en laine noire avec parements rouges et des pantalons noirs à bandes rouges furent encore distribués au bataillon ; la qualité de ces effets d'habillement laissait toujours beaucoup à désirer. Les 4e et 7e compagnies arrivèrent à Granville les 29 et 30 août. Le 28 août, le 1er bataillon entra dans la formation du 30° régiment de mobiles avec le numéro 1, le numéro 2 était le bataillon de Mortain, et le numéro 3 celui de Saint-Lo. A Granville, les exercices continuèrent avec régularité ; des douaniers, anciens mili-litaires, donnèrent très obligeamment leur concours comme instructeurs.

Dans la nuit du 4 au 5 septembre, les trois compagnies détachées à Granville reçurent l'ordre de rejoindre le bataillon à Avranches, le départ eut lieu en ordre à cinq heures du matin, et les hommes firent assez bien leur étape de sept lieues sous une chaleur très vive. Je dois constater ici que le bon esprit du bataillon commençait à se montrer ; en effet, à l'arrivée à Avranches, un petit nombre d'habitants vint faire une manifestation politique au-devant des trois compagnies : les gardes mobiles, à l'exemple de leurs offi-ciers, conservèrent sous les armes une attitude calme, digne et en rapport avec la malheureuse situation de la France. Les compagnies arrivèrent en rangs de quatre, très bien formés, aucun cri, aucun chant ne se firent entendre, et le désappointement fut grand pour ceux qui avaient pu espérer un instant voir les jeunes gardes mobiles entrer en désordre dans la ville.

Les marches militaires et les manœuvres continuèrent à Avranches jusqu'au 12 septembre, époque à laquelle le bataillon partit pour Cherbourg : le voyage se fit par une étape jusqu'à Villedieu, où les hommes prirent le convoi. Le bataillon arriva à huit heures du matin, le 13, à Cherbourg. Avant le départ d'Avranches, les sept compagnies de guerre avaient été formées, les quatre premières à 172 hommes chacune, et les trois dernières à 170, ce qui donnait un effectif de 1.200 pour le bataillon ; la 2e compagnie, Brécey, ayant été désignée comme compagnie de dépôt, prit le numéro 8, et la 8e, Villedieu, prit le numéro 2 ; la compagnie de dépôt fut casernée au Val-de-Saire, et les sept compagnies de guerre logèrent chez l'habitant. Les gardes mobiles alternèrent entre les exercices, les services de postes et les corvées du port par compagnies entières : soixante cartouches par homme et des effets de campement furent distribués.

Le 22 septembre, il fallut procéder aux élections des officiers ; cette mesure anti-militaire, qui semblait être prise pour désorganiser une troupe à peine organisée, se fit néanmoins avec ordre, grâce à la fermeté des officiers et au bon esprit de la troupe (1). Sept officiers ne furent pas élus, mais ne pouvant pour cette raison perdre leur qualité d'officiers, ils furent replacés au bataillon, par ordre, quinze jours après.

Le bataillon étant attaché aux lignes de défense de Carentan, sous les ordres de M. l'amiral Jauréguiberry, quitta Cherbourg par les voies ferrées, le 27 septembre, à sept

---

(1) MM. du Mesnil et Barenton, lieutenants ; Avril, de Pracontal, Huet-Labrousse, de Mansigny et Lanos, sous-lieutenants.

heures du matin, s'arrêta à la gare du Ham-Montebourg et
se mit immédiatement en route à pied dans la direction de
Saint-Sauveur-le-Vicomte, lieu de destination : les hommes
s'habituaient peu à peu aux marches. A Saint-Sauveur, les
gardes mobiles furent logés chez l'habitant, dans l'endroit
même et aux environs ; un poste fut établi à la Mairie, un
Commandant de place (1) fut nommé parmi les capitaines du
bataillon et le service s'établit : Deux fois par jour eut lieu
un exercice de deux heures et demie, les hommes apprirent
à camper et à dresser leurs tentes, ils firent de fréquentes
marches militaires et furent exercés au tir à la cible à 100,
150 et 200 mètres : à la droite du bataillon, à trois lieues,
se trouvait le (2) 3e bataillon du régiment à Port-Bail ; à la
même distance, à gauche, se trouvait le (3) 2e à Picauville.

Le rôle du bataillon, qui devait être barraqué dans le cas
d'un plus long séjour dans la presqu'île, était de défendre,
lors d'une attaque de l'ennemi, le passage des marais de la
Sensurière, où la route était coupée en huit endroits. Des
fusiliers marins et des pièces d'artillerie de marine se trouvaient placés en avant de Saint-Sauveur, sur des montagnes
dominant les marais et la route coupée.

Le 1er bataillon de la Manche n'était pas destiné à rester
dans la presqu'île ; en effet l'ordre arriva, le 23 octobre 1870,
d'aller camper autour de la gare de Chef-du-Pont, et le lendemain 24, à deux heures de l'après-midi, le bataillon tout
entier prit la voie ferrée et arriva le soir même à Caen ; les
deux autres bataillons du régiment étaient partis à peu près
en même temps, ainsi que M. le lieutenant-colonel Lemoine
des Mares, commandant le régiment. Le séjour à Caen fut
de vingt-quatre heures, et après avoir touché des havresacs

---

(1) M. le capitaine Lafontaine.
(2) Commandant : M. Regnouf de Vains.
(3) Commandant : M. de Grainville.

à la gare, le bataillon monta en chemin de fer, le 25, dans la soirée, et arriva à Nogent-le-Rotrou, le mercredi matin 26 octobre, à huit heures ; les hommes avaient chacun cinquante cartouches, ils furent alignés à 90.

Le département d'Eure-et-Loir était occupé par l'ennemi et l'affaire de Châteaudun, si honorable pour les armes françaises, venait d'avoir lieu. M. le lieutenant-colonel du génie Rousseau, chef d'état-major de M. le général de division Fiéreck, commandant l'armée de l'Ouest, me fit appeler à l'Hôtel-de-Ville et me donna les instructions nécessaires. A midi, le bataillon partait à destination de la Chapelle-Royale, petit bourg situé sur la route de Nogent à Châteaudun, à égale distance (7 lieues) entre ces deux villes. En quittant Nogent, les hommes campèrent à Beaumont-les-Autels et arrivèrent le lendemain à la Chapelle, où le camp fut établi dans un champ, en avant du village. La 2º compagnie fut détachée en grand'garde à trois kilomètres sur la route allant vers Châteaudun, la route de Brou fut également occupée par une grand'garde avec des factionnaires échelonnés jusqu'au camp, les routes furent coupées et des patrouilles firent nuit et jour des reconnaissances. Ma préoccupation constante fut de me bien garder, d'autant plus que le bataillon avait pour tout appui un bataillon des mobiles de la Loire-Inférieure (1) à la Bazoche-Gouët, à quatre kilomètres à droite, en arrière ; à trois lieues à gauche, à Luigny, se trouvait le 2ᵉ bataillon du régiment avec le lieutenant-colonel ; à droite commençait le département du Loir-et-Cher, où l'ennemi n'avait pas paru : de fréquentes reconnaissances étaient faites sur Courtalain et Brou.

Les Prussiens occupaient à cette époque tout le pays compris entre Chartres et Courville d'un côté, et Chartres, Illiers, Voves et Orgères de l'autre ; ils avaient constamment en cam-

____

(1) Commandant : M. Candeau.

pagne des détachements de cavalerie qui fouillaient le pays et venaient jusqu'à Illiers et même de temps en temps jusqu'à Brou. Le temps devenant plus mauvais, nous reçûmes l'ordre de cantonner chez l'habitant et dans des granges ; cette mesure fut doublement heureuse, les hommes étant à l'abri et se trouvant bien plus vite prêts en cas d'alerte. J'envoyais tous les jours un rapport au lieutenant-colonel Rousseau, à Nogent, et au lieutenant-colonel commandant le régiment à Luigny. Le sentiment de la discipline se confirmait tous les jours chez les gardes mobiles et très peu de punitions furent infligées.

Le désir universel était d'avoir des fusils Chassepot, et la confiance à donner aux hommes étant chose trèsimportante, je me décidai, avec l'autorisation supérieure, à envoyer à Tours un capitaine (1) muni d'une note où j'exposais la situation du bataillon devant l'ennemi avec lequel il pouvait être engagé d'un moment à l'autre et où j'insistais sur l'immense effet moral que produirait parmi mes hommes un envoi de fusils Chassepot. Sur ces entrefaites. le 1er novembre, la 1re compagnie dut partir pour se joindre à une petite expédition sur Illiers, elle revint à la Chapelle le 7.

Depuis l'affaire de Châteaudun, la cavalerie ennemie ne venait plus que de loin en loin dans cette ville pour s'approvisionner.

Le 8 novembre, une colonne volante française composée d'infanterie, cavalerie et artillerie, forte d'environ 15.000 hommes, sous les ordres du colonel Pâris, commença à traverser la Chapelle, venant de Nogent et allant à Châteaudun ; le soir même une alerte eut lieu, des coups de feu avaient été tirés par des hommes des régiments de marche ; en un

---

(1) M. le capitaine de Fournès, nommé plus tard commandant du bataillon de Vire (4e du Calvados).

quart d'heure toutes les compagnies du bataillon étaient formées sac au dos ; on croyait à une attaque du village, et chacun était à son poste silencieux et résolu. Le colonel Pâris, en passant devant le front du bataillon, lui adressa à haute voix des félicitations sur son attitude digne de celle de vieux soldats ; j'avais du reste, dès le début de l'organisation, fait disparaître les cas d'ivrognerie par les punitions les plus sévères et les gardes mobiles avaient parfaitement compris eux-mêmes combien ces mesures rigoureuses étaient nécessaires dans notre position.

M. le général Fiéreck traversa la Chapelle-Royale, le 9 novembre, et me donna l'ordre de me porter sur Arrou, bourg situé à quatre lieues en avant de la Chapelle dans la direction de Châteaudun, à deux kilomètres de Courtalain. A Arrou, j'avais pour mission de faire escorter par des compagnies jusqu'à Châteaudun tous les convois de munitions et de vivres destinés à la colonne expéditionnaire ; outre mes rapports quotidiens à MM. les lieutenants-colonels Rousseau et des Mares sur mes reconnaissances, je devais aussi en envoyer à M. le général Fiéreck. Je m'occupai à Arrou de prendre les mêmes précautions qu'à La Chapelle ; le pays était plus découvert, avec des bois de distance en distance ; j'y plaçai des grand'gardes et je fis faire de continuelles patrouilles. Les hommes étaient cantonnés dans des granges et des factionnaires devaient donner l'alarme en cas d'alerte. Pendant le séjour à Arrou, il arriva de Cherbourg quelques effets de rechange, mais dans un nombre insuffisant.

Le 17 novembre, une marche en avant ayant été résolue, le bataillon reçut du lieutenant-colonel des Mares l'ordre de partir pour Brou. A cette époque, le capitaine envoyé en mission à Tours revint avec 1.200 fusils Chassepot et les pièces de rechange ; huit grandes voitures contenaient ces armes ; le bataillon étant en mouvement, je dus attendre un moment propice pour faire l'échange des armes et renvoyer les fusils à piston à Nogent, sous la conduite de l'officier de détail (1).

Le 18, à sept heures du matin, le bataillon suivi de huit voitures contenant les fusils Chassepot, et des deux voitures de bagages, ce qui constituait un convoi assez embarrassant, reçut l'ordre de se diriger sur Vieuxvicq, village situé à quatre kilomètres d'Illiers ; ce dernier chef-lieu de canton était occupé en ce moment par M. le lieutenant-colonel des Moutis avec trois bataillons des mobiles de l'Orne.

Le 1er bataillon de la Manche était installé depuis quelques heures à Vieuxvicq, lorsque le canon se fit entendre à une distance très rapprochée ; trois pièces prussiennes envoyaient des obus sur Illiers, où quelques hulans en reconnaissance avaient été tués la veille. Je fis partir immédiatement toutes les voitures sur Montigny-le-Charliff, à travers les bois et je me dirigeai avec le bataillon sur la ville bombardée ; mais les Prussiens, qui n'avaient fait qu'une fausse attaque pour masquer un mouvement plus important sur leur droite, cessèrent bientôt le feu et regagnèrent la route de Chartres. Les obus avaient mis le feu à trois maisons, mais la plupart des projectiles se perdirent dans les champs labourés ; aucun homme du bataillon ne fut atteint. Je devais aller occuper Illiers avec le lieutenant-colonel des Moutis, mais je fus remplacé par le 2e bataillon de la Manche, et à la nuit tombante, le 1er bataillon alla occuper Montigny-le-Charliff où il arriva à onze heures du soir ; le convoi de fusils Chassepot et de bagages y était arrivé à bon port, les hommes furent cantonnés dans des granges.

Le lendemain 19 novembre, dès le matin, je fis distribuer à la hâte les nouvelles armes, et toute cette journée fut consacrée à apprendre aux gardes mobiles à charger le

---

(1) M. Huet-Labrousse.

chassepot et à le manier ; chaque homme reçut en même temps soixante cartouches, et les fusils à piston furent renvoyés à Nogent. Le 20, d'après l'ordre du lieutenant-colonel Rousseau qui devait être alors à Champroud, le bataillon arrivait à Combres, petit bourg dans un entonnoir, à quatre kilomètres de Thiron-Gardais ; il devait s'y tenir en réserve à cause de son armement récent. En arrivant dans ce bourg, le bataillon rencontra deux pièces d'artillerie française, les premières entrevues depuis la campagne ; elles semblaient se diriger vers Nogent, dans la direction opposée à celle que nous prenions. Je fis garnir toutes les hauteurs dominant Combres par des compagnies de grand'garde, et le bataillon se tint prêt toute la journée. Le soir, à huit heures, par un temps très obscur, le 3ᵉ bataillon du régiment (Saint-Lo) arriva à Combres par détachements de compagnies et de demi-compagnies ; il nous apprit qu'il avait été attaqué dans la journée et qu'il avait perdu ses effets de campement à un endroit nommé les Corvées-les-Yis, trois lieues de Combres ; il avait été surpris par des forces supérieures ; l'armée prussienne commençait son mouvement en avant. Nous tînmes conseil avec les officiers des deux bataillons, et la résolution fut prise de quitter l'entonnoir de Combres pour occuper les hauteurs de Thiron, où nous devions attendre des ordres.

La nuit du 20 au 21 fut en partie passée à Thiron, mais n'ayant pas d'ordres et se trouvant par le fait isolés, les deux bataillons furent dirigés sur Authon, d'où nous envoyâmes immédiatement, le Commandant du bataillon de Saint-Lô et moi, une dépêche à Nogent au Commandant de place (1) pour nous mettre à sa disposition. La retraite était commencée sur toute la ligne par suite de la perte des combats de la

---

(1) M. le lieutenant-colonel Lemoine des Mares, nommé récemment à ce poste.

Fourche et de Bretoncelles ; le Commandant de place de Nogent envoya l'ordre de se diriger sur cette ville où les deux bataillons arrivèrent le 21 à minuit ; l'armée, composée de bataillons de mobiles disséminés, était en retraite sur Bellême.

Le 1er bataillon de la Manche reçut l'ordre d'aller sur les hauteurs dominant Nogent-le-Rotrou, pour garder les derrières de l'armée et de descendre à quatre heures du matin dans la ville pour toucher le pain et suivre le mouvement dans la direction de Bellême.

Le 22 novembre, à trois heures du soir, le bataillon arriva à Bellême où tous les différents corps étaient réunis ; M. le général Jaurès se trouvait dans cette ville, il commandait en chef depuis l'avant-veille, 20 novembre ; le lieutenant-colonel Rousseau s'y trouvait également. L'ennemi menaçait la retraite de l'armée par la route de Nogent et par celle de Regmalard ; par cette dernière route il vint le soir même tout près de Bellême, où il engagea un combat avec un détachement de zouaves pontificaux qui formait l'arrière-garde de ce côté. A la nuit tombante, le général Jaurès ordonna la continuation de la retraite sur Mamers ; le 23, à midi, tous les bataillons formant une partie de l'armée de l'Ouest et ayant opéré dans l'Eure-et-Loir se trouvèrent réunis autour de la gare de la Hutte. Au milieu de cette agglomération de bataillons de mobiles, un coup de feu, parti d'une voiture, tua raide mon cheval sous moi.

Les hommes avaient fait une longue retraite sous la pluie, ils marchaient depuis plusieurs jours presque sans repos et avec une nourriture insuffisante, leurs souliers étaient dans un état déplorable ainsi que les képis, vareuses et pantalons.

Le 1er bataillon de la Manche prit le chemin de fer à la Hutte et arriva au Mans le 23 novembre, à six heures du soir ; il fut cantonné dans l'église de Sainte-Croix. Pendant ce temps, les bagages du bataillon entre Authon et Nogent avaient pris la route de la Ferté-Bernard et s'étaient dirigés sur le Mans par une route plus directe ; ils furent arrêtés aux avant-postes Français, à Pont-de-Gennes, et ne purent rejoindre au Mans que plusieurs jours après notre arrivée dans cette ville. J'avais formé dans le bataillon une escouade d'éclaireurs volontaires composée de vingt-cinq hommes commandés par un lieutenant (1), un sergent et deux caporaux, ils étaient chargés d'éclairer en avant dans les marches. Cette escouade perdit la trace du bataillon aux environs de Nogent et revint au Mans par le Theil, la Ferté-Bernard et Ballon : entre le Theil et la Ferté-Bernard, ce petit détachement tendit une embuscade à dix hussards prussiens, à qui il tua et blessa trois hommes et prit deux chevaux.

Pendant les quelques jours de repos laissés aux hommes au Mans, je m'occupai de renouveler autant que possible leurs effets d'habillement et surtout leurs chaussures ; plusieurs sous-officiers et gardes mobiles étaient restés en route, malades, et ne pouvant plus suivre, plusieurs autres entrèrent dans les hôpitaux et ambulances du Mans.

Le 26 novembre, le bataillon reçut l'ordre de se diriger sur Savigné-l'Evêque avec le 2e bataillon (Mortain), six kilomètres au nord du Mans, les hommes campèrent dans un champ et la nuit commençait lorsque l'ordre arriva de revenir immédiatement au Mans. Nous arrivâmes la nuit dans cette ville et le bataillon coucha sous les arbres d'une promenade publique : il était minuit. Nous nous transportâmes, le Commandant du 2e bataillon et moi, chez le général Jaurès, qui nous annonça la formation du 21e corps de la 2e armée de la Loire. Ce corps devait partir sous peu de jours avec le reste de l'armée pour aller donner la main à la

---

(1) M. Milcent, nommé plus tard capitaine.

1re armée de la Loire, afin de marcher ensuite sur Paris.

Le 1er bataillon de la Manche, avec les quatre autres bataillons de ce département, un bataillon du Lot-et-Garonne remplacé plus tard par le bataillon de Vire et un bataillon de fusiliers marins, formait la 2e brigade (général du Temple) de la 3e division (général Guillon) du 21e corps d'armée (général Jaurès) de la 2e armée de la Loire (général en chef Chanzy).

Le 27 novembre 1870, à quatre heures du soir, après avoir touché à la gare du Mans des vivres pour deux jours en biscuit, lard, sucre et café, ainsi qu'un supplément de cartouches et quelques paires de souliers généralement trop petits, le bataillon se mit en route et campa à neuf heures du soir dans un bois de sapins près de Parigné-l'Evêque, route de La Châtre.

Le lendemain 28, à sept heures, l'ordre arriva de continuer la marche ; au bout de deux heures, le général du Temple fit arrêter toute la brigade et la fit former en colonne, bataillon par bataillon, dans la campagne à gauche de la route ; la 1re brigade (général Stéphany) faisait le même mouvement à droite. Là, le général prit connaissance de sa brigade et l'ordre de marche fut établi : un jour, la droite en tête, c'est-à-dire les marins, le bataillon du Lot-et-Garonne, le 1er de la Manche, etc. ; et, le lendemain, la gauche en tête, 5e bataillon de la Manche, etc.

Le lieutenant-colonel, commandant le 30e de mobiles, M. Lemoine des Mares, était resté comme Commandant de place au Mans ; les cinq bataillons de la Manche n'étaient plus enrégimentés pour cette campagne. Le 1er bataillon arriva avec toute la brigade à trois heures du soir au Grand-Lucé où il campa ; l'armée resta deux jours, les 28 et 29 novembre, dans cette position ; le service des distributions s'organisa, ainsi que les tours pour les grand'gardes et les reconnaissances. En raison de l'absence d'hommes malades restés en route et dans les ambulances, ainsi que de ceux détachés à l'Administration, le bataillon n'avait pas plus de 1.000 hommes dans les rangs.

Le 30 novembre, à huit heures du matin, départ pour Saint-Calais ; arrivée dans cette ville à trois heures du soir. Le bataillon campa dans un champ glacé où les piquets s'enfonçaient difficilement. Le temps devenait, du reste, chaque jour plus rude, et les hommes avaient beaucoup à souffrir du froid, il en restait journellement dans les ambulances.

La ville d'Avranches se montrait à la hauteur des événements et ne perdait pas de vue le bataillon ; un convoi de vêtements et d'effets de linge et chaussures nous arriva à Saint-Calais : ces distributions causaient aux hommes une grande satisfaction et les encourageaient.

Séjour à Saint-Calais les 30 novembre et 1er décembre.

Le 2 décembre, départ à deux heures de l'après-midi et arrivée dans la nuit à Epuisay, village du Loir-et-Cher, campement dans la neige. Avant le départ de Saint-Calais, une bonne nouvelle, le succès du général Ducrot au passage de la Marne, vient ranimer la confiance générale.

Le 3 décembre, au point du jour, le bataillon, marchant toujours avec la brigade, eut une longue route à faire par un temps très dur ; arrivée à quatre heures du soir à Vendôme. La ville fut traversée sans arrêt et le campement fut établi sur des hauteurs de l'autre côté.

Le 4 décembre, au réveil, plusieurs hommes en sortant de leurs tentes furent dans l'impossibilité d'aller plus loin, une dizaine d'entre eux resta dans les ambulances de Vendôme. Le même jour, arrivée à trois heures de l'après-midi à Morée, après avoir traversé le Loir, à Fréteval, campement auprès du bourg. On commençait à entendre le canon dans la direction d'Ouzouer-le-Marché et d'Orléans.

Le 5 décembre, à sept heures et demie du matin, départ sur la route d'Orléans. A trois lieues de Morée, la colonne (3e division) quitta la grande route et prit à droite un chemin vicinal conduisant dans la direction de la forêt de Marchenoir ; la 2e division (général Collin) nous précédait d'un jour et la 1re (général Rousseau) nous suivait aussi à un jour d'intervalle. Le camp fut installé autour de la Colombe, petit village au milieu de la campagne, sur la lisière de la forêt de Marchenoir ; le 1er bataillon de la Manche fut envoyé en grand'garde en avant dans une ferme entourée de murs, à trois kilomètres de la Colombe.

Le 6 décembre séjour, le bataillon resta de grand'garde, des reconnaissances furent faites ; le canon continuait à se faire entendre vers Orléans, et les gens venant de cette direction étaient tous interrogés ; leurs explications étaient peu claires, mais cependant l'opinion générale était qu'une lutte avait lieu à Orléans ou aux environs.

Le 7 décembre, de bonne heure, le départ eut lieu ; la colonne marchait par sections dans la direction d'Autainville et Saint-Laurent-des-Bois, avec la lisière de la forêt à droite et la plaine à gauche. Nous traversâmes Autainville et arrivâmes à Saint-Laurent-des-Bois ; le général de division fit prendre les positions de combat et l'artillerie se porta en avant, escortée par des bataillons ; une colonne ennemie, composée surtout d'artillerie et de cavalerie, était signalée venant d'Ouzouer-le-Marché. Il n'y eut ce jour-là qu'un engagement d'artillerie sans importance ; l'ennemi semblait se diriger sur Meung pour tourner l'armée à droite. Les bataillons campèrent dans la plaine en avant de Saint-Laurent-des-Bois, le dos à la forêt et face à la direction d'Ouzouer : le Général de Division était à Saint-Laurent-des-Bois, et le quartier général du 21e corps à Marchenoir même. Le 1er bataillon occupait une ferme à moitié entourée de murs, trois compagnies étaient sous des hangars et les quatre autres sous la tente : la terre était gelée.

Les 8, 9 et 10 décembre, des combats eurent lieu dans la plaine auprès du village de Marolles, occupé par l'ennemi ; la deuxième division était fortement engagée dans la direction de Meung et l'ennemi cherchait toujours à la tourner à sa gauche. Pendant trois jours, notre division occupa les Prussiens, en faisant une forte diversion sur leur droite. On entendait tous les jours le canon tonner plus fortement à notre droite et on savait parfaitement dans l'armée qu'Orléans était repris par l'ennemi et que la première armée de la Loire était en retraite sur Beaugency.

Pendant les 8, 9 et 10 décembre, le bataillon escorta chaque jour l'artillerie à droite et le deuxième bataillon (Cherbourg) (1) l'escorta à gauche ; deux compagnies de chaque bataillon étaient déployées en tirailleurs. La deuxième division était toujours engagée à droite, mais cette intervention continuelle de la 3e division, occupait sérieurement l'ennemi et l'empêchait de tourner la 2e, ce qu'il semblait vouloir faire. Chaque soir, après les combats où l'artillerie jouait de part et d'autre le plus grand rôle, et où malheureusement les canons prussiens avaient l'avantage en raison de leur portée et de la justesse de leur tir, les troupes rentraient à leurs campements respectifs ; les généraux ne semblaient pas vouloir nous porter en avant, puisque le but de l'expédition (donner la main à la première armée de la Loire) était forcément manqué par suite de la reprise d'Orléans et de la retraite de cette armée sur Beaugency.

Pendant ces trois journées de combats, les officiers, les sous-officiers et les gardes mobiles du 1er bataillon de la

---

(1) Commandant : M. de Tocqueville, nommé plus tard lieutenant-colonel du 92e de mobiles.

Manche firent bonne contenance; un grand nombre d'obus passaient au-dessus d'eux ; plusieurs éclatèrent sur la terre gelée, dans leur voisinage, et le bataillon resta toujours là où il avait reçu l'ordre de rester : 4 hommes furent blessés à la tête et aux jambes, le 10 décembre, deux moururent de leurs blessures.

Le 12 décembre arriva l'ordre de commencer la retraite ; le départ eut lieu à midi, l'armée revint sur ses pas et campa le soir, autour du village d'Autainville ; la marche était des plus pénibles, le dégel avait commencé et les hommes chargés de leurs sacs et laissant la chaussée pour les canons qu'ils escortaient, enfonçaient à mi-jambe dans une boue épaisse.

Le lendemain 13, la retraite continua ; on enfonçait tellement dans la plaine, que la colonne partie le matin d'Autainville n'arriva que le soir à 7 heures, sous une pluie battante, à Fréteval, après avoir traversé Morée et avoir mis treize heures à faire trois lieues. Une grande partie de l'armée traversa le Loir et campa autour de Fréteval et sur les collines qui dominent ce bourg. Le 1er bataillon, avec la 2e brigade, resta en-deçà du pont et alla occuper une ferme sur la route venant d'Oucques, par où devait approcher l'ennemi qui avait suivi une marche parallèle à la nôtre de l'autre côté de la forêt de Marchenoir.

La 2e division était dans la direction de Vendôme, où elle devait défendre le passage du Loir ; les 3e et 1re divisions devaient défendre aussi le passage de cette rivière ; la 3e à Fréteval et la 1re à Saint-Hilaire, à droite de Morée. Le 14 décembre, à six heures et demi du matin, le 1er bataillon passa le pont de Fréteval avec la 2e brigade et alla camper avec le reste de la division sur les hauteurs, de l'autre côté de la bourgade ; tous les convois et bagages étaient sur la grande route de Vendôme à Châteaudun.

L'ennemi arriva à la ferme que nous avions quittée deux heures après notre départ et des combats d'artillerie s'engagèrent d'une montagne à l'autre par dessus Fréteval et le Loir ; les Prussiens sur la lisière de la forêt de Marchenoir, les Français sur celle de la forêt de Fréteval. Les Prussiens occupèrent Fréteval où ils entrèrent le soir par le pont qu'on avait oublié de faire sauter. Un combat de nuit, qui coûta la vie à plusieurs officiers de marine et marins et à quelques gardes mobiles, délogea l'ennemi du village et le pont sauta : la gare de Fréteval était remplie de vivres de toute espèce, qui durent être en grande partie abandonnés quelques jours après.

Le rôle de nos bataillons était toujours le même dans ces combats d'artillerie, l'un à droite des pièces, l'autre à gauche, dans la boue jusqu'à mi-jambes, car le dégel et la pluie continuaient : beaucoup d'hommes tombaient malades et ne pouvaient plus suivre. A Fréteval, le bataillon avait reçu une ambulance envoyée par la ville d'Avranches, à ses frais, deux grandes voitures étaient pleines de matelas, de tentes et de remèdes, le personnel de cette ambulance se composait d'un médecin, M. Perrotte, qui rendit de grands services en pansant les blessés lors de la reprise de Fréteval, d'un élève en médecine, de deux pharmaciens (1) et de six abbés infirmiers; dans les circonstances présentes, des voitures vides eussent servi davantage pour porter les nombreux gardes mobiles éclopés. Le 15 décembre, le 1er bataillon fut envoyé de grand'garde à la gare de Fréteval où il resta vingt-quatre heures ; des coups de feu étaient échangés continuellement entre les sentinelles ennemies et les nôtres.

Le 16 décembre, à six heures du soir, après un combat soutenu par la 1re division, pour reprendre Morée, l'ordre

------

(1) MM. Frémond, Aubry et Grémont.

arriva de continuer la retraite: La colonne traversa la forêt de Fréteval la nuit dans des chemins défoncés, et sous la pluie, passa par le bourg de la Ville-au-Clercs, où l'ambulance du bataillon fut prise le lendemain par l'ennemi et renvoyée quelques jours après au Mans, et arriva enfin dans le petit village de Romilly dans lequel et autour duquel on passa le reste de la nuit. Il fallait, à cette époque, déployer la plus grande fermeté pour conserver les hommes compacts et unis ; ne trouvant pas de gîtes après de longues marches dans la boue, ils étaient disposés à aller demander l'hospitalité dans les fermes et à s'éloigner du gros de la troupe. Toutefois, le bataillon, dont l'esprit de discipline se maintenait au milieu des souffrances, écoutant la voix de son commandant et de ses officiers, ne se débandait pas. Le 17 décembre, au point du jour, le mouvement de retraite continua sur Montdoubleau, où nous arrivâmes à quatre heures de l'après-midi : le 18, séjour à Montdoubleau avec grand'gardes et reconnaissances ; l'ennemi suivait l'armée de très près, la veille un corps de mobilisés avait été surpris à Droué à trois lieues de Montdoubleau. Le 19, nous campâmes au village de la Bretonnière ; le 20, à Pont-de-Gennes où on arriva dans la nuit après avoir traversé Connerrée sans s'arrêter : les hommes tombaient de fatigue. Le 21, la colonne arriva à Yvré-l'Evêque, à six kilomètres du Mans ; le bataillon campa en arrière, à la ferme de la Pasturerie, et le 22 décembre la division atteignit la ville du Mans, dans laquelle elle n'entra pas : le bataillon fut cantonné dans des fermes à sept kilomètres du Mans, sur la route de cette ville à Ballon ; le général de division s'établit à Château-Chapeau, le général de brigade au château de Chêne-de-Cœur et le général commandant le 21e corps à Sarget.

Le 21e corps couvrait donc le Mans sur sa gauche par rapport à l'ennemi, c'est-à-dire sur les routes de Ballon et Bonnétable,

Pendant cette pénible retraite de Marchenoir, les distributions de vivres avaient été aussi régulièrement faites que
possible, mais les hommes souffraient surtout de la rigueur
du climat et de l'absence de bons effets d'habillements et de
chaussures.

Après quelques jours laissés aux hommes pour se reposer
et se refaire, on s'occupa autant que possible de renouveler
l'habillement et la chaussure ; des capotes, tuniques et képis
provenant des dépôts d'infanterie, furent distribués ainsi que
des effets, de toute sorte, envoyés par la ville d'Avranches, dont
la sollicitude pour le bataillon fut toujours la même. Des revues furent passées fréquemment et les armes durent être net-
toyées à fond ; les exercices et manœuvres de bataillon eurent
lieu. Le 1er bataillon alternait avec les autres de la brigade pour
le service de grand-garde sur les routes de Ballon et de
Beaumont, les vivres étaient distribués pour deux et quelquefois trois jours. Il me manquait un certain nombre
d'hommes en raison de nombreuses entrées aux hôpitaux et
ambulances ; la petite vérole commençait à sévir dans l'armée. Avec le concours de M. l'abbé Danjou, l'aumônier du
bataillon, des abbés infirmiers et du médecin envoyé par la
ville d'Avranches, je fis établir une ambulance pour le bataillon dans une maison du Mans et j'y fis transporter tous les
hommes trop malades pour être soignés dans leurs cantonnements. A cette époque, le 30e régiment de mobiles fut
formé de nouveau avec M. de Grainville comme lieutenant-
colonel, le second régiment de la brigade, 92e de mobiles,
fut formé des bataillons de Cherbourg, Coutances et Vire
avec M. de Tocqueville comme lieutenant-colonel.

Le 9 janvier 1871, le 1er bataillon reçut l'ordre de quitter
ses cantonnements, la neige tombait en flocons épais et les
chevaux ne pouvaient marcher ; des pièces d'artillerie et des
caissons furent obligés de rester sur la route : le départ avait

eu lieu dans la direction de Ballon. Le bataillon dut aller cantonner dans une ferme-école nommée la Chauvinière, à 3 lieues 1/2 du Mans, auprès du village de la Trugale : le lendemain 10, le bataillon fut réuni sous les armes et se tint prêt à marcher ; les généraux ordonnaient la plus grande surveillance à cause du voisinage de l'ennemi qui avait repoussé notre première division à la Fourche et manifestait sérieusement l'intention d'attaquer la ville du Mans. Des combats avaient eu lieu de l'autre côté du Mans ; les 16e et 17e corps étaient engagés : la terre était toujours couverte de neige, il en tomba continuellement dans la nuit du 10 au 11 janvier ; le 11, nous reçûmes à midi l'ordre de retourner à la Trugale, à 3 kilomètres. La 1re brigade de notre division était engagée à Savigné-l'Evêque, mais l'effort de l'ennemi avait surtout été immense du côté opposé à celui où se trouvaient notre corps d'armée et notre division. Les Prussiens étaient venus avec de grandes forces par les routes de Paris et de Bouloire ; leur mouvement de droite en face de nous qui occupions la gauche du Mans avait été beaucoup moins sérieux. Dans la journée du 11, des ordres fréquents arrivèrent souvent en retard par suite du mauvais état des routes. Les Prussiens entrèrent le 12 au Mans par Pontlieue. Nous assistâmes à la Trugale au défilé d'une partie du 16e et du 17e corps en retraite, allant chercher le passage de la Sarthe au pont de Montbizot. Le 1er bataillon, comme les autres de la brigade, resta à attendre un ordre quelconque jusqu'à 7 heures du soir ; alors commença pour nous le mouvement de reretraite et nous marchâmes la nuit, dans la direction de Ballon : le général Jaurès nous traversa, se dirigeant sur le pont de Montbizot. La marche était pénible dans une neige profonde et les esprits attristés par nos nouveaux malheurs. Nous arrivâmes à 10 heures 1/2 du soir à Souligné-sous-Ballon, village à 3 lieues de Ballon ; la division fut cantonnée au milieu d'une agglomération de troupes des plus considérables, les rues étaient complètement remplies ainsi que les maisons. Les Prussiens qui avaient combattu à Corceboeuf et à Savigné, ainsi qu'une partie de ceux qui venaient de la Ferté-Bernard, marchaient sur Ballon pour tâcher de nous couper la retraite au pont de Montbizot et nous empêcher ainsi de traverser la Sarthe. Le 13, au point du jour, la retraite continua dans des chemins étroits et pleins de neige dans lesquels l'artillerie, nous dépassant continuellement, obligeait les hommes à se mettre dans les fossés. Vers 8 heures 1/2 du matin, la colonne atteignit la Sarthe et le bataillon passa le pont de Montbizot avec le reste de la division ; le 13, à 7 heures du soir, cantonnement dans le village de Mézières-sous-Lavardin; nous avions traversé dans la journée la grande route du Mans à Laval et la marche continuait dans de petits chemins où souvent les gardes mobiles devaient passer par un et par deux à cause de l'embarras des voitures d'administration, des bagages, des canons, des mitrailleuses, etc, etc., Une colonne ennemie partie du Mans après avoir fait de nombreux prisonniers, surtout dans les 16e et 17e corps, marchait à notre suite, espérant entamer le 21e corps qui se trouvait encore très compact. Le 14 janvier, à la nuit tombante, au moment où le bataillon allait atteindre Sillé-le-Guillaume, la division tout entière changea de direction et nous quittâmes les bas chemins pour reprendre la grande route à quatre kilomètres de Sillé ; les Prussiens étaient à Conlie, 4 lieues 1/2 de Sillé, et l'on devait s'attendre à une affaire pour le lendemain. La nuit du 14 au 15 janvier fut une des plus pénibles pour tout le monde, car, une fois arrivés sur la grande route, on nous fit camper, la 2e brigade à droite dans les champs en regardant Sillé, la première brigade à gauche : le bataillon entra donc dans un champ où la neige était très unie, les hommes y enfonçaient, sans

exagération, jusqu'au mollet ; il fallut s'établir là et faire avec
du bois mouillé des feux où la fumée dominait ; enfin les
hommes, après avoir gratté la neige, s'installèrent autour de
leurs feux, se tenant prêts à la moindre alerte. Je dois constater encore combien dans cette position dure et difficile
tout le monde se montra à la hauteur des circonstances ; les
sous-officiers, caporaux et gardes mobiles voyant, du reste,
leur commandant et leurs officiers partager leurs souffrances
et coucher comme eux sur la neige, étaient plus facilement
résignés.

Le 15 janvier, à 7 heures du matin, des spahis et des gen-
darmes, venant de faire une reconnaissance dans la direction
de Conlie, rapportèrent que l'ennemi s'approchait du camp ;
toutes les voitures et les bagages qui occupaient les côtés de
la route furent immédiatement dirigés sur Sillé pour aller au
besoin au-delà sur la grande route de Mayenne. Nous quittâmes
le camp et montâmes la côte menant vers Sillé ; au sommet
de cette montée le bataillon fut formé à gauche de la route,
face à l'ennemi, dans des bas chemins autour d'une ferme, les
compagnies s'allongeaient dans des chemins creux et sur des
terrains dominant les alentours. Pendant que le bataillon
gravissait la montée pour prendre ses positions, les mitrailleuses françaises commencèrent à balayer la route par où
s'avançait l'ennemi, protégé par un épais brouillard ; ces dé-
charges de mitrailleuses furent meurtrières pour les Prussiens et les rejetèrent à gauche de la route ; nos pièces restèrent sur la grande route où elles tirèrent toute la journée,
les tirailleurs échangèrent des coups de feu sur la ligne du
chemin de fer et la journée entière se passa sans que l'ennemi ait gagné un pas en avant. Le 15, à 8 h. du soir, après
la cessation des feux, l'ordre arriva de continuer la retraite
dans la direction d'Evron ; nous arrivâmes, dans la nuit
du 15 au 16, dans un village nommé Rouessey-Vassey, où toute

la division fut agglomérée ; un incendie éclata la nuit dans ce village, mais fut bientôt éteint et ne causa que peu de dégâts ; au milieu de ces hommes entassés et fatigués de nombreux accidents auraient pu se produire. Le 16, à 8 heures du matin, le mouvement de retraite continua ; nous apprîmes que les Prussiens étaient entrés à Sillé-le-Guillaume quelques heures après notre départ ; ils n'allèrent pas plus loin. Le même jour, nous arrivâmes à 4 heures du soir à Evron ; deux compagnies du bataillon furent envoyées en grand'garde sur la route de Sainte-Suzanne, bourg occupé par l'ennemi. Le 17 janvier, à 7 heures du matin, la colonne se dirigea sur Mayenne : longue étape. L'arrivée à Mayenne n'eut lieu qu'à 10 heures du soir ; on s'installa dans les rues et chez l'habitant. Depuis Sillé, la route était couverte de débris de toute sorte, de munitions jonchant le terrain, de chevaux morts ; la plupart de ces débris provenaient du 17e corps qui avait beaucoup souffert. A l'arrivée à Mayenne nous trouvâmes la 1re division dans la ville, la 2e était campée dans les faubourgs.

Le projet du général en chef étant alors de défendre le passage de la Mayenne, les corps prirent le lendemain 18 janvier leurs positions respectives ; le général de Villeneuve, commandant la 3e division, s'établit à Contest, village sur le bord de la rivière à 10 kilomètres de Mayenne, ainsi que l'administration, l'artillerie et la 1re brigade ; la 2e brigade s'établit à 4 kilomètres plus loin dans des fermes situées sur le bord de la Mayenne et dominant cette rivière, le général du Temple, commandant notre brigade, résidait au château de Montgiroux, position magnifique commandant la rivière et deux routes. Le bataillon fut installé dans six fermes assez rapprochées, des factionnaires mettaient les différentes compagnies en rapports continuels, de fréquentes prises d'armes eurent lieu et le service de grand'garde fut établi sur le bord de la rivière auprès de deux grandes écluses. Après quelques jours de repos, les exercices commencèrent ainsi que les manœuvres par bataillon et régiment ; une revue d'ensemble fut passée par M. le général de Villeneuve, qui avait remplacé M. le général Guillon dans le commandement de la 3e division depuis notre arrivée au Mans. (22 décembre 1870.)

Par suite des maladies et des marches forcées, le bataillon ne dépassait guère à cette époque le chiffre de 880 à 900 ; les hommes très malades furent dirigés sur l'ambulance d'Alexaint, les hôpitaux et ambulances de Mayenne étant totalement remplis. Depuis trois mois le bataillon était dehors par un temps exceptionnellement rigoureux ; non-seulement les gardes mobiles mais aussi plusieurs officiers souffraient de différentes maladies, mais ils restaient quand même à la tête de leurs hommes ; deux capitaines et un lieutenant étaient restés en route ; les deux premiers (1) furent faits prisonniers dans une ambulance à l'entrée des Prussiens au Mans ; de fréquentes revues d'armes furent passées pendant le séjour du bataillon au bord de la Mayenne.

La nouvelle de l'armistice, conclu le 28 janvier, arriva bientôt et les élections pour la Chambre furent fixées au 8 février ; pendant l'armistice toutes les permissions étaient refusées et ce fut une des plus grandes preuves de soumission et de patriotisme que donnèrent alors surtout les officiers de mobiles, que ce nouvel ordre dictatorial avait pour but d'empêcher de s'entendre avec les gens de leur pays en vue des élections. Ce nouveau sacrifice fait au pays, chacun, chefs et soldats, continua son service et la discipline ne se relâcha pas un instant ; le 1er bataillon de la Manche se rendit aux élections en rangs formés comme à un exercice ordinaire et tous accomplirent en ordre cet acte politique.

D'après les conventions conclues avec les Prussiens, l'ar-

---

(1) MM. Lafontaine et Hubert-Patinière.

mée de la Loire devait se tenir de l'autre côté du fleuve dont elle portait le nom ; c'est pourquoi les 16e, 21e et 19e corps, ce dernier remplaçant le 17e, qui restait à Laval, durent partir dans la direction de la Loire. Le 1er bataillon, avec sa brigade et le reste de la division, quitta les bords de la Mayenne le 12 février 1871, à 10 heures 1/2 du matin ; il était suivi de deux voitures de bagages ainsi que des voitures d'ambulance dont l'une avait été vidée pour permettre aux hommes malades de s'y établir pendant les longues marches. Arrivée à Andouillé le même jour, à 3 heures de l'après-midi, cantonnement chez l'habitant. Le 13, à 7 heures 1/2 du matin, départ dans la direction de Laval ; le bataillon traversa cette ville à une heure de l'après-midi sans s'y arrêter et alla cantonner dans quelques fermes déjà à moitié occupées, formant le village de l'Huisserie, à 5 kilomètres de Laval. Départ de l'Huisserie le 14, à 11 heures du matin, arrivée à 7 heures du soir à Château-Gontier, étape de 25 kilomètres et mêmes difficultés pour se loger ; les maisons étaient déjà pour la plupart occupées par d'autres troupes. Départ de Château-Gontier le 15, à 11 heures du matin, longue route sous la pluie et arrivée à 4 heures du soir dans un petit village nommé Aviré. Parti d'Aviré le 16 dans la matinée, le bataillon traversa le Lion d'Angers et cantonna à Membrolles, bourg situé sur la grande route à 8 kilomètres d'Angers. Départ de Membrolles le 17, à 8 heures du matin ; la ville d'Angers fut traversée, selon la coutume, sans arrêt, les bataillons fatigués défilèrent sur une place de la ville devant le général Jaurès, commandant le 21e corps, et le cantonnement fut établi à 6 kilomètres de l'autre coté d'Angers, dans un village, sur le bord de la Loire, nommé Sainte-Gemmes. Le 18, de très-bonne heure, le départ eut lieu et les vivres furent touchés en passant aux Ponts-de-Cé ; la marche fut très longue, nous arrivâmes le soir à 4 heures 1/2 au cantonnement désigné, un hameau nommé la Trésorerie, situé entre Brissac et Droué. Départ le 19 dans la matinée, arrivée dans la journée à Montreuil-Belley et séjour dans cette ville le 20. Départ le 21 pour le village des Trois-Moutiers, cantonnement au hameau de la Fête, département de la Vienne. Départ le 22 dans la matinée pour les villages d'Angliers et de Saint-Martin. Le bataillon, après avoir traversé la ville de Loudun, vint cantonner à 8 kilomètres au-delà, sur la route de Poitiers, au village d'Angliers où il séjourna jusqu'au 5 mars. Dans cette nouvelle position, nous étions très rapprochés des avant-postes de l'armée du prince Frédéric-Charles, qui se trouvaient à Richelieu (Indre-et-Loire), quatre lieues d'Angliers. L'ennemi ayant l'intention, dans le cas de la reprise des hostilités, de marcher sur Bordeaux, les premiers combats auraient eu lieu dans la Vienne ; il était, du reste, difficile de prendre dans ce pays une bonne position en raison de l'étendue des plaines et du petit nombre de cours d'eau. Les hommes furent continuellement exercés pendant notre séjour à Angliers.

La nouvelle de l'acceptation des préliminaires de paix étant arrivée, le 1er bataillon reçut l'ordre de partir le 5 mars pour Chênecé en traversant Mirebeau. Départ de Chênecé le 6 mars, arrivé le même jour à Saint-Georges-de-Baillergault, bourg situé près de la station de Clan, à 10 kilomètres de Poitiers. Déjà, à cette époque, les bruits de désordres à Paris commençaient à se répandre et nous nous attendions, placés comme nous l'étions sur la ligne du chemin de fer, à être appelés à suivre les marins qui étaient déjà dirigés sur Versailles. A Saint-Georges, la discipline fut maintenue et les hommes ne restèrent pas inoccupés, malgré l'annonce d'un licenciement prochain ; un officier et un sous-officier, ayant même commis à cette époque une faute contre la discipline, furent sévèrement punis.

Le 17 mars, le bataillon rendit à Poitiers ses armes et effets de campement, et le lendemain 18, il se mit en route pour regagner ses foyers. Quoique sans armes, les gardes mobiles firent la route en ordre et gardèrent une excellente tenue dans les villes qu'ils traversèrent. Beaucoup d'hommes avaient pris la voie ferrée, mais ce qui restait du bataillon me suivit jusqu'à Laval où j'obtins le chemin de fer jusqu'à Fougères. Le 28 mars, rentrée à Avranches. Les étapes depuis Poitiers avaient été le 18 mars à Mirebeau, le 19 à Loudun, le 20 à Fontevrault, le 21 aux Rosiers, les 22 et 23 à Angers, le 24 à Lion d'Angers, le 25 à Château-Gontier, le 26 à Laval, le 27 à Fougères et le 28 à Avranches.

En terminant cet historique, fait surtout avec sincérité, je constate une dernière fois que le 1er bataillon de la Manche a toujours fait preuve de dévouement et d'esprit de discipline pendant les sept mois qu'il a été sous les armes. Les officiers ont toujours usé de l'autorité que leur donnaient leurs grades sans arrière-pensée ; ils n'ont pas recherché une mesquine popularité qui n'eût servi qu'à les faire moins respecter de leurs hommes. Le bataillon a marché en toutes circonstances là où on lui a donné l'ordre de marcher, et s'il n'a pas plus fait pour le pays, c'est qu'il n'en a pas eu l'occasion.

J'ajoute d'ailleurs, à ce rapport, les ordres d'adieux des généraux qui ont commandé l'armée et les corps d'armée dont a fait partie le 1er bataillon de la Manche pendant la guerre, et je dois ajouter aussi que par suite de maladies de toute sortes, provenant des marches forcées dans la boue et la neige, des innombrables fatigues sous un climat très rigoureux et de l'insuffisance des vêtements et des chaussures, 350 hommes dans le bataillon sont morts pendant et depuis la campagne de 1870-71.

A. DE CLINCHAMP,
Ancien Officier du 2e Chasseurs d'Afrique ; Commandant du
1er Bataillon de la Garde mobile de la Manche ; Chevalier
de l'Ordre de la Légion-d'Honneur.

Avranches, le 29 Février 1872.

Ordre du Général en chef Chanzy

COMMANDANT LA 2ᵉ ARMÉE DE LA LOIRE

Officiers, sous-officiers et soldats de la 2ᵉ armée :

Le traité ratifié le 1ᵉʳ mars par l'Assemblée Nationale met fin à la guerre ; les armées sont dissoutes.

En m'informant que mon commandement cesse, le ministre ajoute : Dites à votre brave armée, officiers de tous grades et soldats que je les remercie au nom de notre pays tout entier de leur courage et de leur patriotisme. Si la France avait pu être sauvée, elle l'eût été par eux : La Fortune ne l'a pas voulu.

Je suis heureux de porter à votre connaissance le témoignage de la satisfaction du gouvernement.

Vous avez tenu tête aux armées les plus nombreuses et les mieux commandées de l'Allemagne ; l'histoire racontera ce que vous avez fait. L'ennemi lui-même s'honorera en vous rendant justice.

Vous allez rejoindre vos foyers, vos garnisons ; conservez inébranlable votre dévouement au pays ; restez, quoi qu'il arrive, les défenseurs de l'ordre.

Quant à moi, mon plus grand honneur est de vous avoir commandés, mon plus grand désir est de me retrouver avec vous chaque fois qu'il s'agira de servir la France.

Le Général en chef,
Signé : CHANZY.

Ordre du Général Jaurès

COMMANDANT LE 21ᵉ CORPS.

Officiers, sous-officiers et soldats :

Un décret du chef du Pouvoir exécutif dissout la 2ᵉ armée.

Avant de me séparer des troupes du 21ᵉ corps, je dois leur exprimer toute ma satisfaction pour le dévouement, la discipline et la solidité dont elles ont constamment fait preuve.

Organisés en quelques jours, vous avez, dès votre sortie du Mans, marché comme de vieilles troupes, et à vos premiers combats de Saint-Laurent-des-Bois, de Poilly et de Lorges, vous vous êtes montrés inébranlables au feu.

Depuis lors, à Fréteval, à Morée, à Montfort, à Savigné-l'Evêque, vous avez toujours vigoureusement repoussé l'ennemi et jamais le 21ᵉ corps n'a quitté ses positions que par ordre et pour suivre un mouvement général.

A Sillé-le-Guillaume, après une marche de 50 kilomètres dans la neige, vous vous retourniez pour faire tête à l'ennemi et vous le rejettiez au-delà de Cricé en lui infligeant des pertes considérables. Partout vous vous êtes bien conduits.

Si vos efforts n'ont malheureusement pas suffi pour assurer le salut de notre chère patrie, ce ne sera pas sans fierté que chacun de vous pourra dire : j'étais du 21ᵉ corps et j'ai fait mon devoir.

Un jour, s'il plaît à Dieu, la France aujourd'hui épuisée recouvrera sa force et sa puissance, et il nous sera donné de venger le passé.

Puissé-je alors me retrouver au milieu de vous.

Vive la France !

Le Général commandant le 21ᵉ corps,

Signé: JAURÈS.

Ordre du Général du Temple

COMMANDANT LA 2ᵉ BRIGADE DE LA 3ᵉ DIVISION DU 21ᵉ CORPS

Officiers, sous-officiers et soldats :

J'ai paru vous quitter depuis quelque temps pour aller remplir de grands et pénibles devoirs à l'Assemblée, mais je n'en pensais pas moins à vous.

Je ne vous ai pas vu souffrir de la faim et du froid, marcher le jour et la nuit dans la neige, dans la boue, sinon comme de vieux soldats, du moins comme de braves Français, sans vous admirer quelquefois, sans vous aimer toujours. Je me suis souvent levé le premier et je ne me suis pas couché sans avoir cherché à vous donner un abri ; souvenez-vous de moi pour faire de même. Pensez à moi, non comme à un général qui est fier de vous avoir commandés, qui vous félicite de votre obéissance, mais comme à l'homme qui vous aidera quand il le pourra, qui n'oubliera jamais les braves marins qu'il a eus sous ses ordres, les braves enfants de la Manche et du Calvados qu'il a eu l'honneur de commander.

Le Général commandant la 2ᵉ brigade,
Signé : DU TEMPLE.

ÉTAT NOMINATIF DES OFFICIERS

DU

1er Bataillon des Gardes mobiles de la Manche

(BATAILLON D'AVRANCHES)

AU DÉPART D'AVRANCHES

Chef de Bataillon
M. DE CLINCHAMP (ARTHUR-GUSTAVE)

Aumônier
M. l'Abbé DANJOU

1re Compagnie (Avranches)

MM. DE FARET DE FOURNÈS (Arthur), *Capitaine.*
DU MESNIL (Armand), *Lieutenant.*
AVRIL (Maurice), *Sous-Lieutenant.*

2e Compagnie (Brécey)

MM. DUTERTRE DES AIGREMONTS (Charles-François), *Capitaine.*
HERBIN (Henri), *Lieutenant.*
LANOS (Albert), *Sous-Lieutenant.*

3e Compagnie (Ducey)

MM. LORET (Charles), *Capitaine.*
JUIN (Albert-Ferdinand-Paul), *Lieutenant.*
DE PRACONTAL (Max-Joseph-Antoine), *Sous-Lieutenant.*

4e Compagnie (Granville, Sartilly)

MM. LELORIEUX (Victor), *Capitaine.*
DELANNEY (Maurice), *Lieutenant.*

5e Compagnie (La Haye-Pesnel)

MM. HUBERT-PATINIÈRE (Evremond) *Capitaine.*
DE MARY DE LONGUEVILLE (Albéric), *Lieutenant.*
MILCENT (Louis), *Sous-Lieutenant.*

6e Compagnie (Pontorson)

MM. HOLLAIN-LORPHELIN (Alfred-Auguste), *Capitaine.*
GUÉRIN (Auguste), *Lieutenant, officier payeur.*
DAUGUET (Auguste-Jean), *Sous-Lieutenant.*

7° Compagnie (Saint-James)

MM. VIARD (Augustin-Robert), *Capitaine.*
BARENTON, *Lieutenant.*
MOREL (Hippolyte), *Sous-Lieutenant.*

8e Compagnie (Villedieu)

MM. LAFONTAINE (Eugène-Clair), *Capitaine.*
HAVARD (Oscar-Jean-Joseph), *Lieutenant.*
HUET-LABROUSSE (Gustave), *Sous-Lieutenant.*

ÉTAT NOMINATIF DES OFFICIERS

DU

1er Bataillon des Gardes mobiles de la Manche

AU MOMENT DU LICENCIEMENT DU BATAILLON

Avec les mutations opérées pendant la guerre, par suite des élections, de l'avancement, des maladies et de l'absence de deux capitaines faits prisonniers au Mans.

La 2e compagnie (Brécey), passée compagnie de dépôt avec le numéro 8, la 8e compagnie (Villedieu) ayant pris le numéro 2.

Chef de Bataillon : M. DE CLINCHAMP (Arthur-Gustave).
Lieutenant adjudant-major : M. DELANNEY (Maurice).
Lieutenant-Trésorier : M. GUÉRIN (Auguste).
Sous-Lieutenant, officier de détail : M. HUET-LABROUSSE (Gustave).

1re Compagnie (Avranches)

Capitaine : M. JUIN (Albert-Ferdinand-Paul).
Lieutenant : M. Herbin (Gustave-Jean).
Sous-Lieutenant : M. Lesellier (Victor-Pierre).

2e Compagnie (Villedieu)

Capitaine : M. MILCENT (Louis).
Lieutenant : M. HAVARD (Oscar-Jean-Joseph).
Sous-Lieutenant : M. DASTIN (Laurent-Eugène).

3e Compagnie (Ducey)

Capitaine : M. DUTERTRE DES AIGREMONTS (Charles-François).
Lieutenant : M. BESNARD (Ferdinand-Paul-Marie).
Sous-Lieutenant : M. TROCHERIS (Albert).

4e Compagnie (Granville, Sartilly)

Capitaine : M. LELORIEUX (Victor).
Lieutenant : M. DE PRACONTAL (Max-Joseph-Antoine).
Sous-Lieutenant : M. GIRRE (Amand-Jude).

5e Compagnie (La Haye-Pesnel)

Capitaine : M. DE MARY DE LONGUEVILLE (Albéric).
Lieutenant : M. GRANDIN DE MANSIGNY (Henry-Marie).
Sous-Lieutenant : M. LAYNE (Sabin).

6e Compagnie (Pontorson)

Capitaine : M. HOLLAIN-LORPHELIN (Alfred-Auguste).
Lieutenant : M. DAUGUET (Auguste-Jean).
Sous-Lieutenant : M. PHILIPPES DE CANTILLY (René).

7e Compagnie (Saint-James)

Capitaine : M. MOREL (Hippolyte).
Lieutenant : M. DU MESNIL (Armand).
Sous-Lieutenant : M. BESNARD-LOCHERIE (Louis-Jules-Marie).

8e Compagnie (Brécey)

Compagnie de dépôt, restée dans la presqu'île de Cherbourg

Capitaine : M. LORET (Charles).
Lieutenant : M. AUMONT.
Sous-Lieutenant : M. JACOB.

Depuis le licenciement, M. le capitaine des Aigremonts a donné sa démission (fin mars 1871).

M. le capitaine Lafontaine, revenu de captivité, a été replacé à la 2e compagnie.

M. le capitaine Milcent, placé à la 5e compagnie, M. de Longueville étant démissionnaire.

Récompenses données au Bataillon

M. de Clinchamp (chef de Bataillon), chevalier de la Légion-d'Honneur le 5 mai 1871, dix ans de services, sept campagnes.

M. le docteur Perrotte, docteur, chevalier de la Légion-d'Honneur, août 1871, parti volontairement avec l'ambulance, a rendu des services.

Lafontaine, capitaine, chevalier de la Légion-d'Honneur en octobre 1871, quinze ans de services, deux campagnes.

Trochu, garde mobile à la 2e compagnie, médaillé le 5 mai 1871, blessé d'un éclat d'obus à la tête, le 10 décembre 1870, au combat de Saint-Laurent-des-Bois.

Choinel, garde mobile à la 7e compagnie, médaillé le 5 mai 1871, blessé d'un éclat d'obus à la tête, le 10 décembre 1870, au combat de Saint-Laurent-des-Bois (mort des suites de sa blessure).

Avranches. -- Imp. Jules DURAND, rues Boudrie, 2, et Quatre-Œufs, 24

www.ingramcontent.com/pod-product-compliance
Lightning Source LLC
Chambersburg PA
CBHW051331050726
47595CB00006B/2305